画字

流沙河 著

海南出版社
·海口·

图书在版编目（CIP）数据

画字 / 流沙河著. -- 海口：海南出版社，2024.11
（流沙河解字全书）
ISBN 978-7-5730-1589-1

Ⅰ. ①画… Ⅱ. ①流… Ⅲ. ①汉字—古文字学—研究
Ⅳ. ① H121

中国国家版本馆 CIP 数据核字 (2024) 第 076158 号

画字
HUAZI

作　　者：流沙河
策　　划：彭明哲
责任编辑：闫　妮
执行编辑：姜雪莹
封面设计：任　佳
责任印制：杨　程
印刷装订：炫彩（天津）印刷有限责任公司
读者服务：唐雪飞
出版发行：海南出版社
总社地址：海口市金盘开发区建设三横路 2 号
邮　　编：570216
北京地址：北京市朝阳区黄厂路 3 号院 7 号楼 101 室
电　　话：0898-66812392　　010-87336670
电子邮箱：hnbook@263.net
经　　销：全国新华书店
版　　次：2024 年 11 月第 1 版
印　　次：2024 年 11 月第 1 次印刷
开　　本：889 mm × 1 194 mm　1/16
印　　张：70
字　　数：910 千字
书　　号：ISBN 978-7-5730-1589-1
定　　价：598.00 元（全五册）

鼠窺瓜
貓觀甌
兔拜月
鹿遭凶
虎歸山
燕浴雨
鳥投亭
栖嗅朋

蛇茨草
魔閃疾
嬰戴羽
孫戲馬
母執帚
文下海

老鼠窺瓜
河

篆文鼠字象形，结构简略。不必画全鼠，仅画口腔脚爪尾巴，鼠态便活了。手法极妙，毕加索见之，亦当拜下风。

篆文瓜字作瓜，象瓜在藤。改画成葫芦，葫芦也是瓜。葫芦音近糊涂，所以糊涂虫又叫瓜瓜。

老鼠偷看想吃，瓜瓜还不知晓。老鼠说：「我是在作纯美欣赏，不想吃。」或许说得不错。现今鼠粮已经丰富，花色品种又多，老鼠哪有兴趣啃瓜。雅鼠兄，在下道歉了。

篆文媒字作。右边的是梅字的古写，象梅果结在树上。《诗经·召南·摽梅》写女子抛梅果向男士求婚。西晋诗人潘岳出游，街妹围着抛果满车。梅被人职业化便是媒，诗意从此丧失殆尽。

瞧这媒婆，手拿梅果，来给母犬介绍婚姻。母犬怒吠拒绝。贤哉犬也！

篆文犬字作。此字横放成，俨然狗的侧影。所以孔子说：「视犬之字，如画狗也。」

母犬罵媒
河

靈兔拜月

河

靈是灵字的繁体。兎是兔字的异体。灵兔月宫捣药，偷懒下凡，无处藏身，被枪手追猎。悔不该来地球，夜夜拜月求归，愿回嫦娥裙下。

☾象新月之形，不象满月，为了避兔与篆文⊙的日字互相混同。新月中间一划，月亮上的暗斑，月海是也，其实无水，有贝虚名。

兔字篆文作，改画成，作跪拜的侧影，长耳短尾，前肢揖，后腿跪，妙。

雙燕浴雨
河

雙是双字的繁体。燕子年年春分从南海飞回来，为农夫报时，于农事有功，所以享受专字象形待遇。鸡鸭鹅虽然比燕子肥大，却不具备资格，不过是形声字而已。远古传说，商民族有女祖，芳名简狄，吞食燕卵，生个英雄，开辟茫茫殷土，建立商朝，尊称燕子为玄鸟。

[illegible]是雨字的古体，象天穹落雨点，令人想起「微雨燕双飞」。

隆冬獨烤

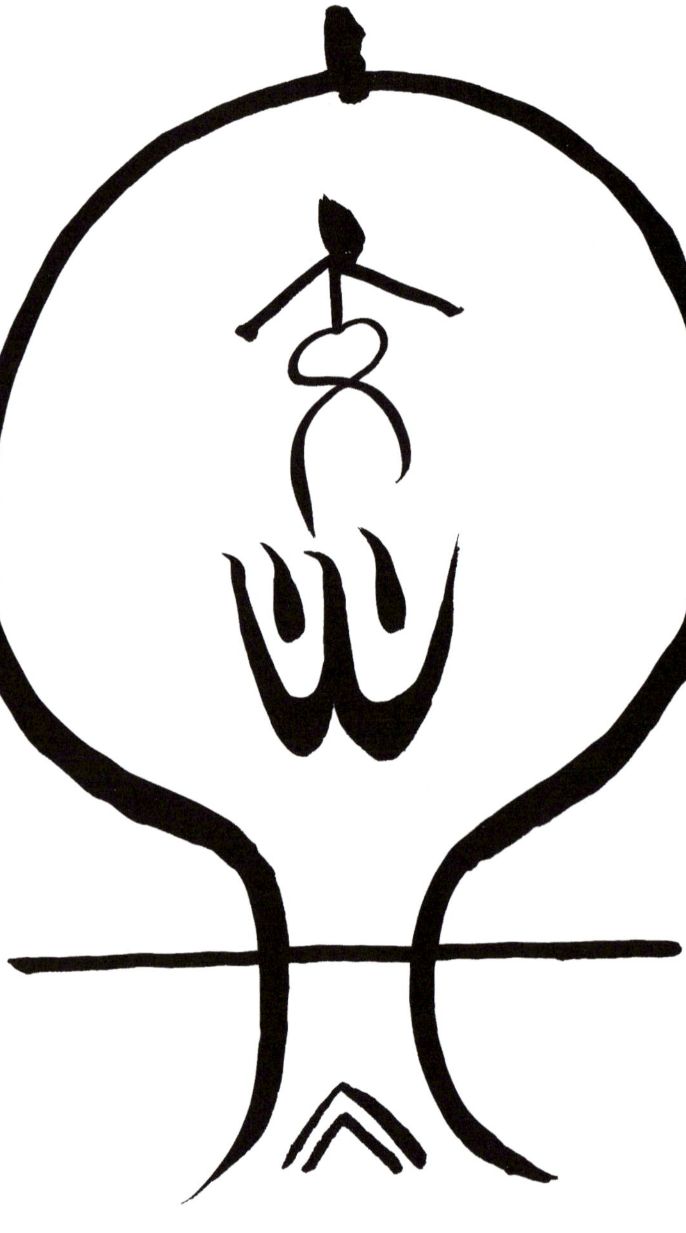

河

篆文冬字作，乃洞穴之俯视图也。洞口横杠表示关闭，洞外仌字就是冰字。这意味着冬天来了。缩成夂，仌简成⺀，形虽变了而犹依稀仿佛。

洞中是个烤字。《说文解字》无烤有烄。我看烄即烤也，火是其形，交是其声。交声可转考声。篆文交字作，象人交叠两腿，所谓翘二郎腿。古文火字作，象火燃烧。主人洞中烤霸王火。

對坐賞画

河

坐字篆文作坐，二人对坐土上。古人无椅子，跪在草席上，尾椎骨搁在脚后跟上，就是所谓坐了。斗争大会罚跪，古人说是请坐。土，地上插十字标，表明土地私有。《说文解字》说那是象地下有生物长出来，亦有道理。画字古文作画，本指田亩划界，后来衍出了作图的意思，再后来兼作名词用，赏画便是。画升格为美术，中间那一块田留着农业文化尾巴。

作福由我
河

推测这个我字，最早或指一种兵器，所以从戈，归入戈类，篆文作𢦏。这种兵器什么样子，今人说不清楚。甲骨文作𢦓，右边还是戈。左边的彐象啥，只能猜谜。后来借指第一人称，原义便迷失了。偶见晚于甲骨文的金文有个我字作𢦓，表示持戈者我，凛然不可侵犯。现今自我扩张，要爬到福上头去了。

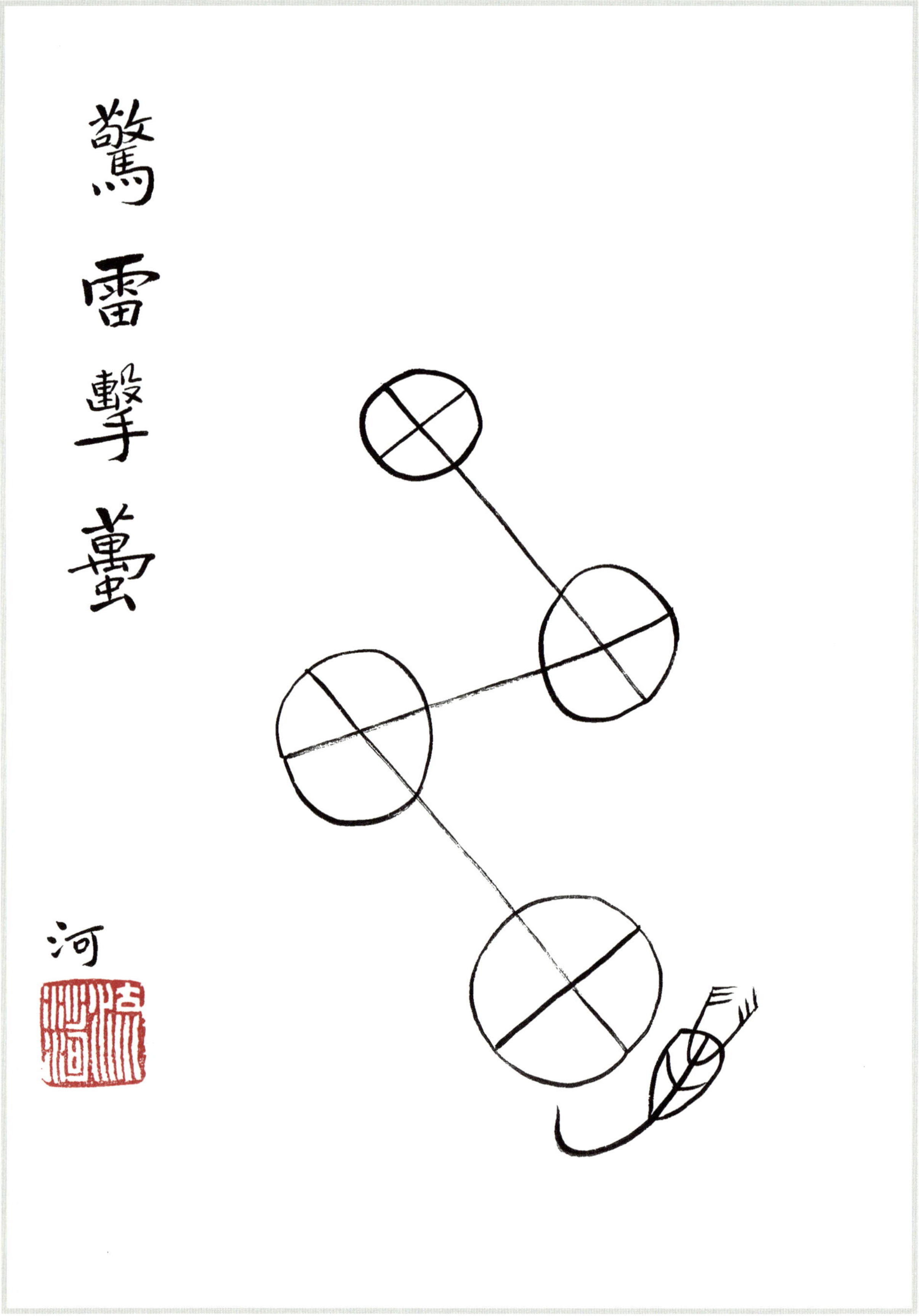
驚雷擊蠆
河

有毒虫名曰虿（chài），繁体作蠆，篆文作，甲骨文作，就是蝎子，尾钩刺人，痛得要死。西洋蝎子通天，爬上黄道，为天蝎座。屈原从汉北逃往郢都，夜晚识别方向，「南指月与列星」，指看的列星就是天蝎座。可知毒虫来头不小！

篆文雷，三轮雷车轰隆，球形闪电是也。偶见金文有，火球串、成折枝闪电，不知能否打死。

耕疇來鳥
河

田已犁谓之畴。疇是繁体。篆文作或。农夫使牛犁田，留下犁迹，一往一复，正象字。田畴是本义，范畴乃衍义。

泥土犁翻，乌鸦飞来，紧跟犁铧，啄食蛰虫。从前见过此景，今不可复睹矣。

为何乌鸦不点眼睛？善哉问也。乌鸦全羽皆黑，黑眼睛不彰显，乍看似无眼睛，所以不点。不点，你才悟到那是乌鸦。古人造字不蠢。

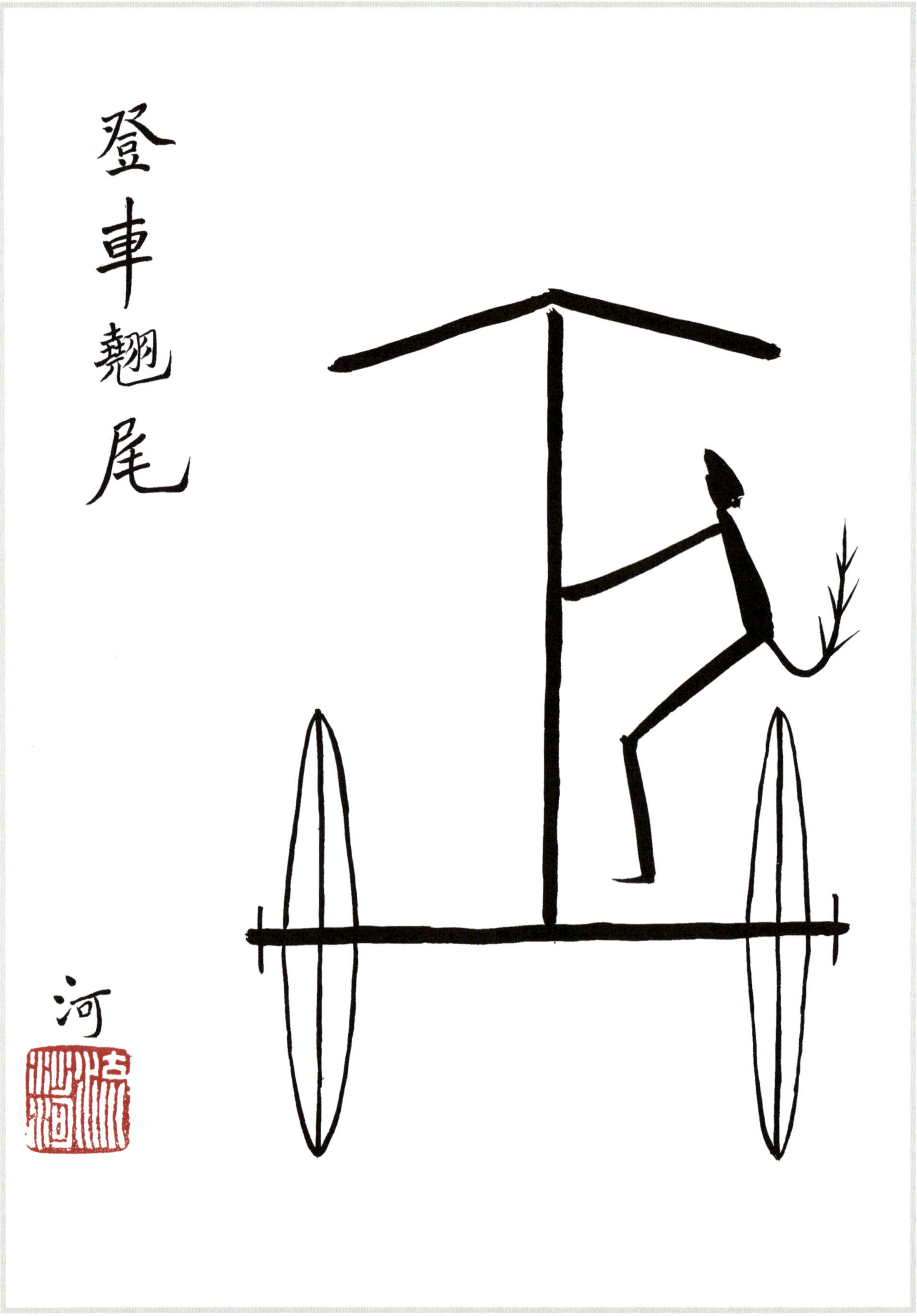

登車翹尾
河

繁体車同篆文車一样，一轮代表马车。金文有，也有带辕轭的和带车厢的，还有两样都带的。甲骨文车图简式多，例如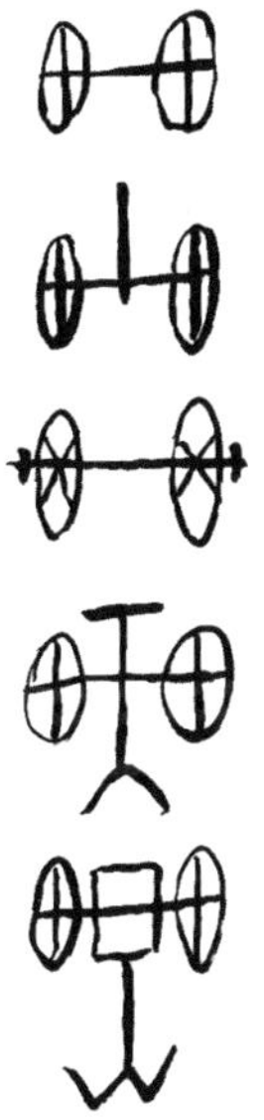以及带车盖的。车是富贵的标志。小人登车便大起来。瞧这位老兄，是个尾字，篆文作。人篆文作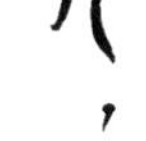，仰卧成尸，尸也。臀部加个毛字，便是了。《说文解字》说那是古人的衣尾。但愿如此。

相好騰雲

河

好，爱也。相好二字连用，首见《诗经》，至今还在用着。篆文作，左女右子。子在这里非儿子也，乃男子之美称也。男女二人原先脚踏实地，脑清目明，一旦相好，如入十里大雾，头昏眼花，现种〻痴蠢相。瞧这一男一女，手牵手成好字，腾地飞起，高蹈入云。结局怎样未可知也。云字简体，雲字繁体。此字简体倒比繁体资格老，古写作云作正是云字，象流云形。

乖孫戲馬

河

孙，子之子也。繁体作孫，篆文作孫，左子右系。系者一条线相连续，彼此有关系也。小孙儿和爷爷当然有关系嘛。

这仔儿一手执系，便成孙字，雄立马背，紧抓马鬃，想是朱门小王孙吧，玩得就是心跳。

马字繁体是馬，象形。我嫌头部还不突出，偷改成馬。不敢再添眼睛，只好骑瞎马，恐怕要误小少爷的富贵前程了。篆文作馬，像。影是古写，不像。

飯碗吉祥

河

皿，篆文作，甲骨文作，高脚碗也。皿字 mǐn 音转成 wǎn 音，便是盌字。碗是盌的俗字。由此可知甲骨文就是三千年前吃饭的碗。古人地上吃饭，须用高脚碗。后人桌上吃饭，改用低脚碗。饭碗很要紧。

碗中是个祥字。甲骨文有，画个羊头，就是羊字。又有，都是祥字。羊温驯，祥和嘛。

蜥蜴亂竄

河

老鼠逃入洞穴，这就是窜，简写成窜。蜥蜴窜入鼠穴，当然是乱窜了。易，篆文作，横看就是蜥蜴，正在爬行。原来易是象形字。本属爬虫的易，又添虫旁成蜴，实乃多此一举。易，原指蜥蜴类的变色龙，古名石龙子。此物能变色吓敌虫，所以易字又当作变化讲。专说人事变化以卜吉凶，所以书名《易经》。

田疆獵火

河

小农经济，田各有主。田田之间，必有疆界。疆界二字乃是同义复词。拆单来讲，疆即界也，界即疆也。疆字古体作畺。畺字空中俯看，二田三横，疆界清楚。

远疆一堆野火。是火的古写，象形。田疆上那家伙是人吗？ 非也。那是巤字，长发巤二的巤，篆文作。左边有一条狗，加个犬旁，便是獵字，也就是猎字的繁体。

為因作主

河

画个方框表示围墙，关人入内，就是囚字。被囚者称囚人。人这个字，篆文作，低头垂手，佝背屈膝，准备下跪。这是君主时代人的形象。

我画囚人跪坐在地，对主沉思。主字篆文作，我改成，象一盏灯一朵火之形。原来主乃炷的古写，本指灯中火炷。甲骨文有，木架上置油盏，盏中一朵火，也是主。囚人可怜，求灯作主。

長蛇落草

河

蛇，篆文作。此字最初没有虫旁，它就是蛇。它，篆文作，画了蝮蛇的尖头细颈和蝮蛇特有的一对颊窝。尾接着颈，腰身省略不画。可知古人以蝮蛇代表蛇类。古人草居怕蛇，总要问候一句：「没蛇吧？」回答一句：「没蛇。」蛇字读音从tā变成shá，所以今人问候「没啥吧」，回答「没啥」。啥在这里本来是蛇。艸是本字。草字本义是橡子，借作艸字用。

晴旦曬衣

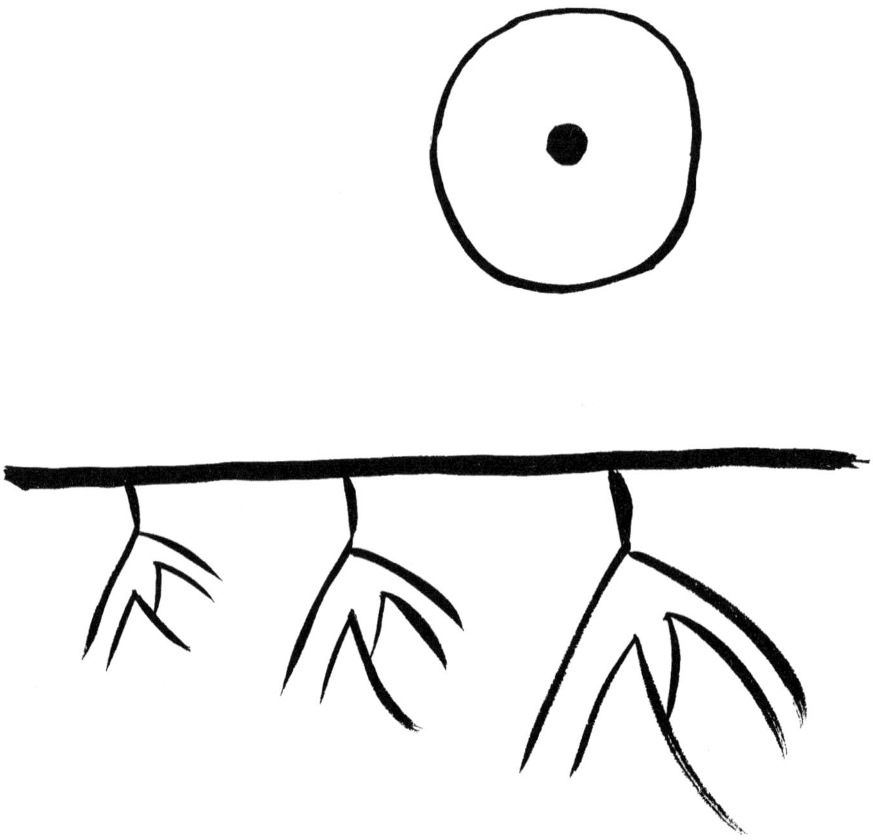

河

旦是旦字古写。画太阳从地平线上升起，表示天明了，这是会意字。日中一点，太阳黑子。古人说日中有乌鸦，又说日中有黑气如钱，皆指太阳黑子。地平线改画成晒衣竿。曬是晒的繁体。衣，篆文作衣，象形。低胸交领，右襟片斜掩着左襟片，这是所谓右衽，据说代表华夏文明。甲骨文亦有作衣者，便是所谓左衽，难道是夷狄之衣吗？

餓即飽既

河

即的繁体作卽，篆文作，甲骨文作。左旁一只高脚碗，盛饭堆尖。右旁一人，屈膝跪坐，手搁腿上，向背低头，以口就食。必是饿慌了，馋相甚可笑。即字意为就食，引申为迁就，或干脆通就字。

既的繁体作旣，篆文作，甲骨文作。左旁同样盛饭，但不知是第几碗了。右旁那个饿鬼已经胀饱，正掉头打饱嗝准备离席。既字意为就食完毕，引申为了结。

先爭後鬥

河

争的繁体作爭，篆文作。拆开看，爫是爪，又是又，皆象手。合拢看，象二手在争夺一条棍。小孩争物，你拖我扯，正是如此。大人争议，各执一端，亦复如此。爭改画成，又添画二人，读者该懂了。

斗的繁体作鬥，篆文作，看不出象什么。甲骨文作，一看就明白，两个英雄正在交手搏斗。此乃我国城市八景之一，具永恒的魅力。

斯文下海

河

文，篆文作，甲骨文作。原始人画标记于前胸和别的部位，是为文身。文的原义便是文身，今之纹身是也。后来视纹理彩绘为文，典章制度为文，诗词歌赋为文，遂衍生出文学文人诸般概念。

海，篆文作，从水每声。我让直水横流，又让每字变成母顶钱币。屈原和朱湘下江，王国维和老舍下湖。他们太蠢，都不晓得下海！

嘉果垂垂

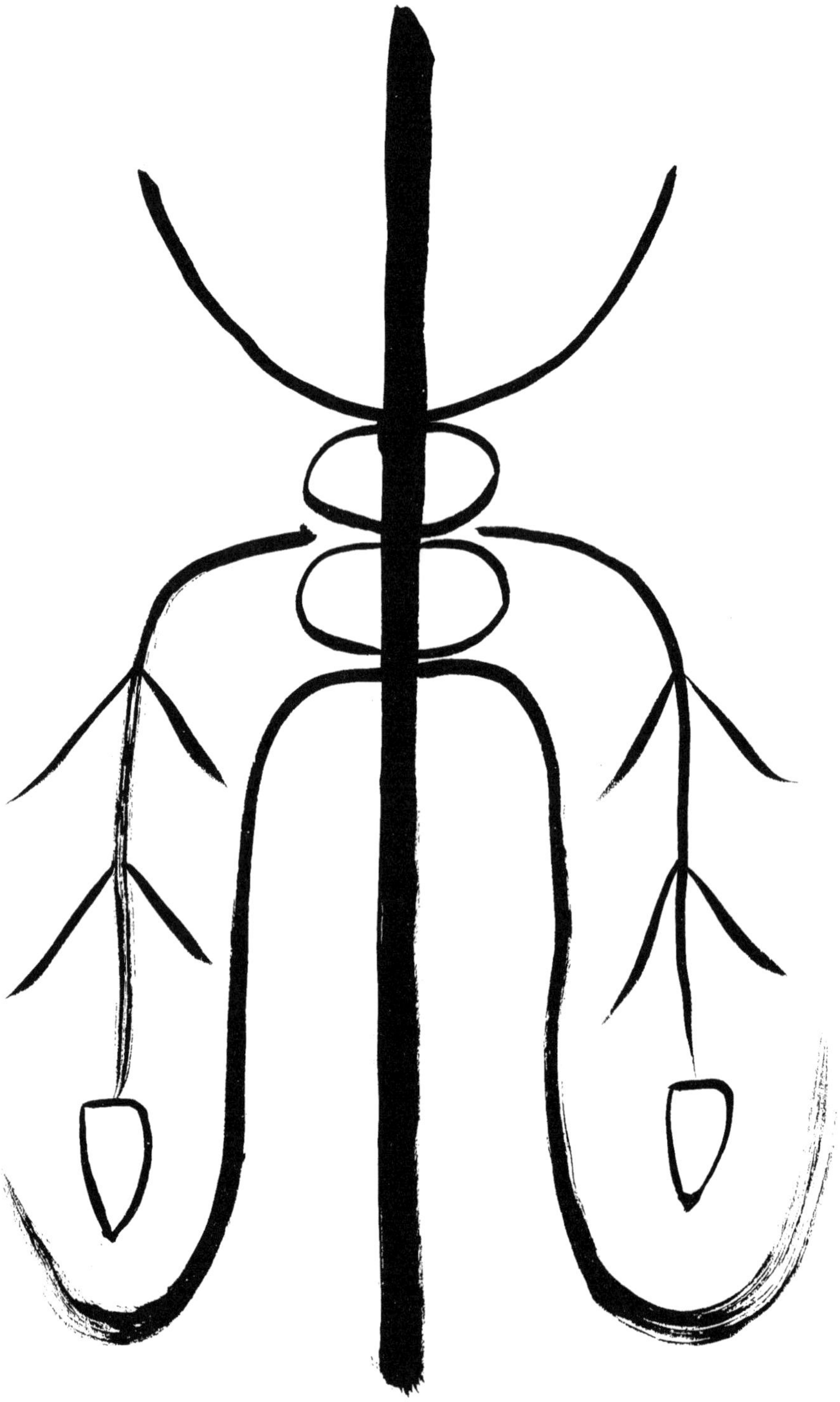

河

果，繁体作菓，篆文作果，金文作果。果实结在树顶，已奇。偶见有作果者，巨果二个结在树身，尤怪。我喜怪，取怪果入画来。热带园林或有怪果如斯，亦未可知。

垂，篆文作垩，从土𠂹声，本是边陲的陲。𠂹，下垂的垂，甲骨文作𠂹，我简化为杏，象花果之下垂。所以说，下垂的垂宜用这个𠂹字。我画二杏，左右各一，不就是垂垂了吗。

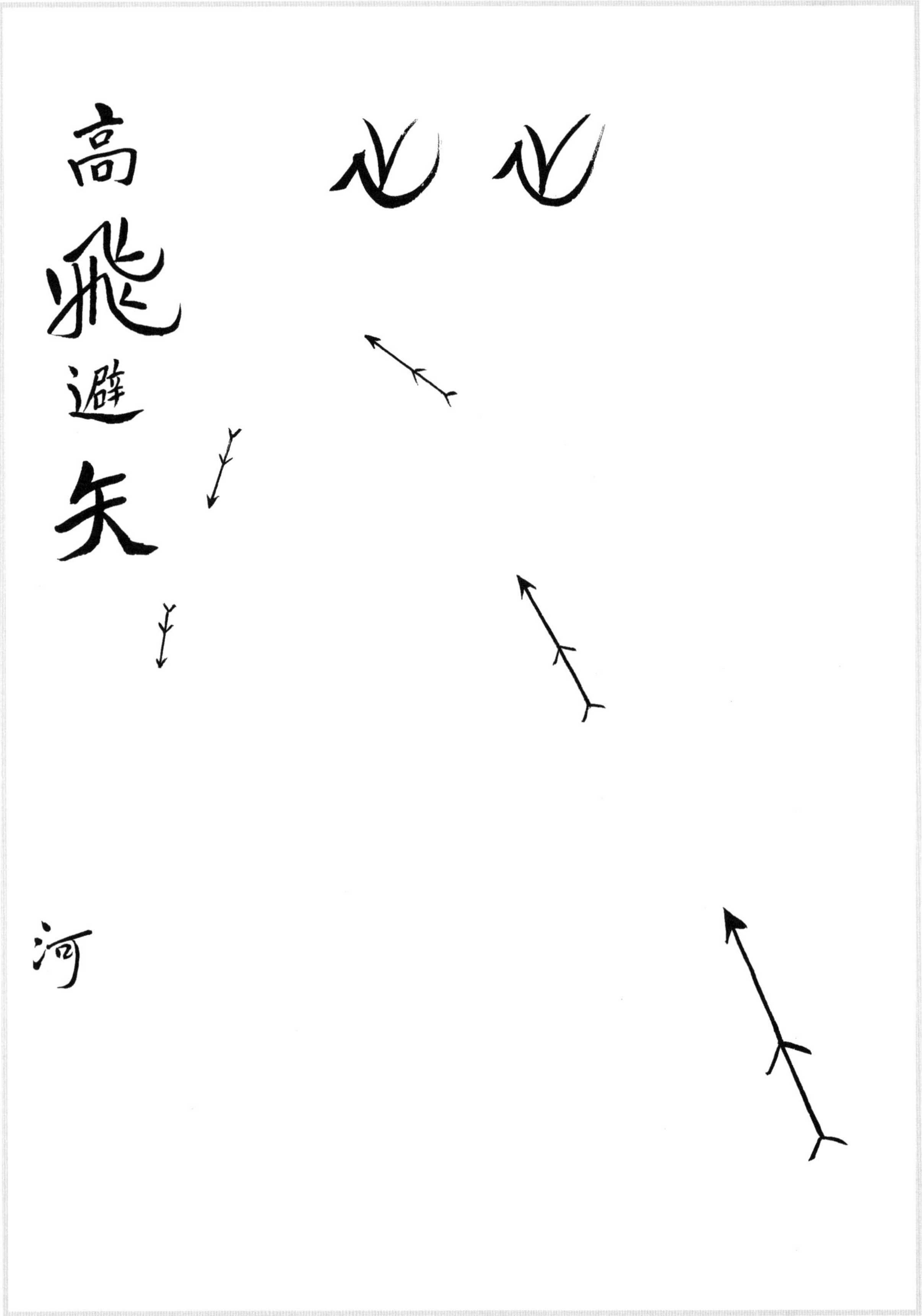
高飛避矢
河

飛是繁体，篆文作，鸟头在上，双翼在下，象鸟飞翔。童年练字，最爱写飛。飛字不但好写，还很受看。这个奇妙感受，英语民族写时恐怕不会有吧。汉字具有意象功能，英文没有。

矢即箭矢，篆文作，说是象形，其实不像。修改成就像了。箭头箭杆箭羽以及尾端吃紧弓弦的箭括，一目便了然了。

飞是简体，既简炼又传神，妙。

笨龜射隼

河

隼，篆文作。鹰隼都是猛禽，被人驯化后，站立架上，用于狩猎。隼字下部便是隼架。那隼雄立架上，岂知暗箭之将至也。

龟的繁体作龜，篆文作，甲骨文作。此物深受古人崇拜，尊称灵龟。作笨态，藏险心，自己四脚爬，恨他物飞行。

射字或体作䠶，篆文作，甲骨文作，矢在弓上，便是射了。原来篆文把弓字错写成身字了。

王家鬧鬼

河

甲骨文有字，一人顶天立地，展臂跨腿，这就是国王的王字了。家字篆文作，甲骨文作，皆画屋下一豕，豕即猪也。鬼，古人说，人死去，魂归来便是鬼。故云「鬼者归也」。鬼字篆文作，大头可怖，下面一个人字。鬼之异于人者全在头部，所谓鬼头鬼脑鬼眉鬼眼是也。人字旁边还有一个，是私字古写，鬼自私嘛。王家闹鬼，整猪罢了。

野鳥投亭

河

旅途歇脚，十里一长亭，三十里还有一舍。舍不说了，只说亭吧。挺然独立，故谓之亭，亭者挺也。独立高耸，所以亭字从高省掉一口，下面用丁字作声符，是形声字。

丁，古写作，象人的尽头牙之形。长尽头牙才算成年，所以成年又叫丁年。壮丁一词是从尽头牙衍生的。

鸟，繁体作鳥，篆文作，本是立姿。入画变成飞姿，便具动感。可惜此景市郊不可复睹矣。

快游追魚

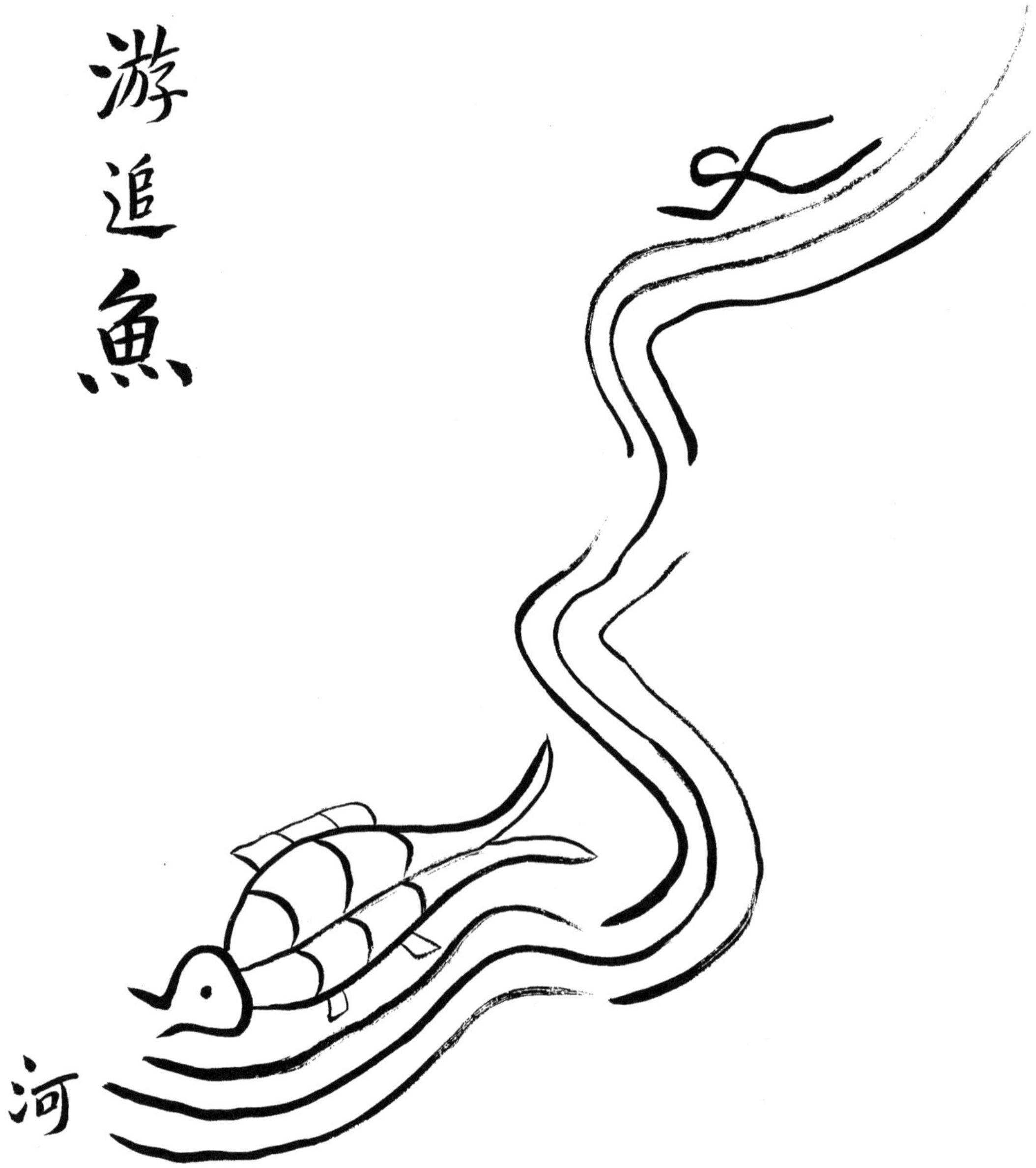

游泳的游，篆文作，左水右子，古写作汓。横成，小子水上游泳。若将字延长，便成一条河了。汉字简化以前，游遊二字不同。游字用于游泳游鱼上游。遊字用于遊行遊乐旅遊。简化一来，杀掉遊字，让游字兼任遊字之职。于是乎下水去可以叫游行，上岸来也可以叫游行，哪怕不涉一滴水。

鱼，繁体作魚，篆文作，金文作，倒是古老的甲骨文简單些，作。

蒙倛抓鬼

河

蒙是蒙的繁体。蒙倛就是面部蒙戴魌头。倛魌本是一字，其物俗名魌头，乃是用于巫术的假面具，其貌狰狞可怖。古文奇字有，画一人蒙戴有眼孔和耳坠的假面具，据说此即倛字。蒙倛的巫师右肘有爪，乃篆文的爪字。古无抓字，爪作动词用就是抓。

看那小鬼，辫子被抓住了，跪地求饶，似乎在说愿意罚款。但愿蒙倛大侠勿听甜言蜜语，不勾不兑才好。

單栖嗅朋

河

西，篆文作，上画鸟，下画巢。鸟的头颈背尾露在巢外，胸腹翅脚藏在巢内。西字的原义为鸟巢。鸟类筑巢林间，皆取向着落日的一方，晚归好借夕阳光亮，所以古人把林间鸟巢所向的一方叫作西方，同时又造一个栖字顶替鸟巢原义。名词的栖作动词用便是栖息。栖，篆文作，我改画成，巢在木上，鸟在巢上。一鸟在巢，正是单栖。單是单的繁体。

朋，金文作，是凤字古写。

蜘蛛善綴

河

朱字可能是蛛字的古写。朱，篆文作朱，金文作，更早可能作，象蜘蛛形。蜘蛛原本单名一个朱字，因其结网启发人类，俨然具有智力，所以被美称为智朱。后人例加虫旁，写成蜘蛛，单名变成复名。

缀是动词，意为缝缀联缀，例如缀网的缀。缀字的古写是叕。叕不是四个又字，篆文作，一张蛛网正在被缀，三边已缀合了，一边尚待牵扯拢来。

天氣轉寒

河

氣是气的繁体。气流本无形象可睹，古人猜想呈波浪型，所以气字篆文作，如水下滩。改画成，想象那是严冬的朔气吧。寒，篆文作。拆开看，屋下一个人字，两个艸字。艸乃草木之草的本字。一人夹在二艸之间，身上盖艸，身下垫艸，其寒可以想象。此时屋外结冰。仌字就是冰的篆文。寒字属于会意字，让人去体会其意蕴。

涼夜騎車
余
河

凉，凉的繁体。凉字从水，京声。京声急读为jing，缓读为ji—ling二音。尾音ling独立出来，转为liang便是凉了。凉的篆文入画来，水旁延长成一条河，京字推远成一座房。

夜字从夕，亦声。夕与亦组合成夜字，夜的篆文本应作，左亦右夕。改画成骑车女，改画成蛾眉月，便有诗意了。

車，车的繁体，金文有作的，稍变其形就成了自行车，她骑着回家去。

暮蟬猶噪

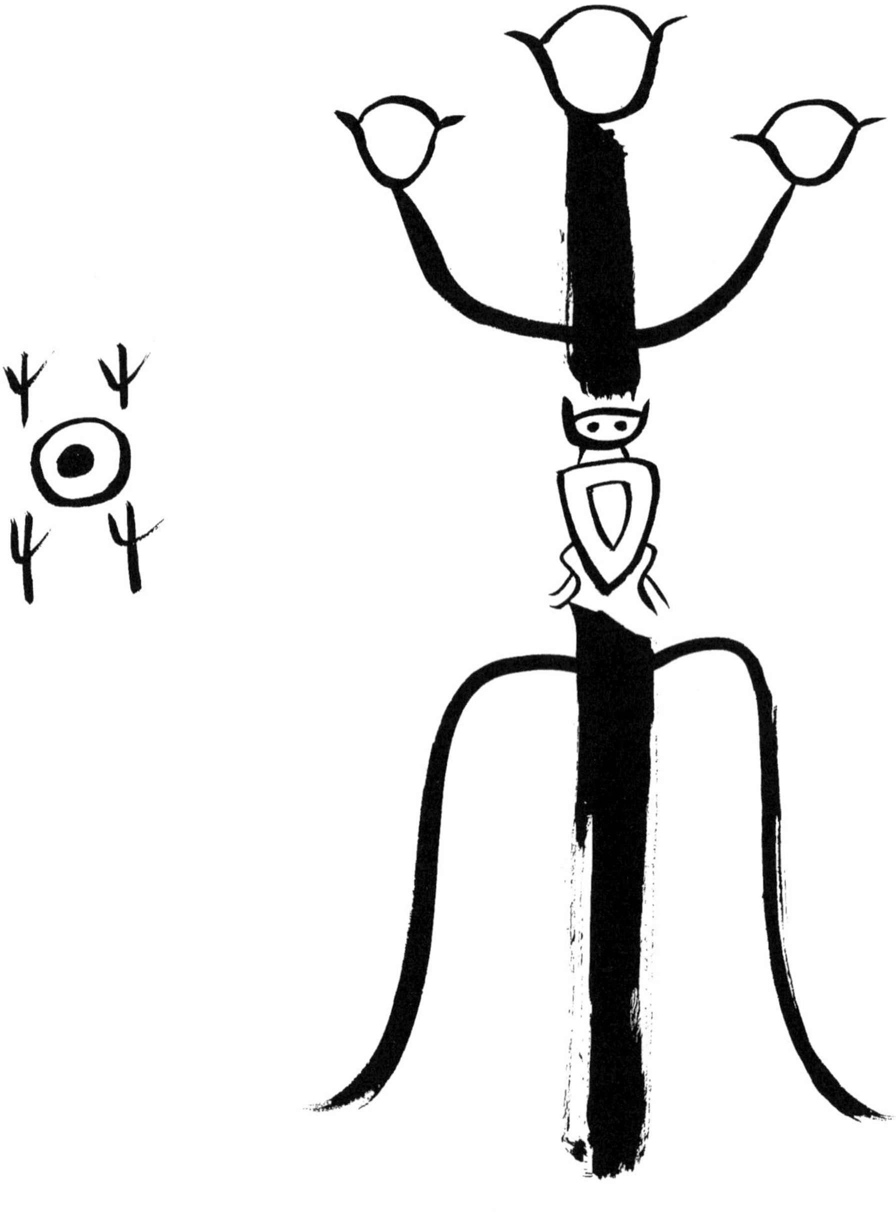

河

艸是草的本字。两草间夹一日，表示太阳落在草丛中了，这是莫字。莫字已有一日，后人妄添一日成暮。可知莫乃暮的古写，意指天快黑了。

蟬是蝉的繁体。甲骨文有即蝉字，象形。篆文简化为單，加个虫旁成蟬，犹存图像痕迹。

喿，篆文作喿，鸟鸣叫也。树上已有三口在叫，后人嫌少，再加口旁成噪。树上为何只见口而不见一鸟耶？答曰噪得太凶了，只剩嘴巴了。真幽默！

信步看苗

河

吾人起步，先出左脚，后出右脚。请看步字，古写成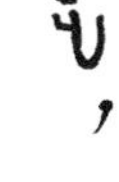，左脚踏在前，右脚跟在后。五趾简成三趾了，而母趾突出。字后来进一步符号化，化成步字。止既然是左脚，翻转来成，便是右脚了。左脚先一跨，右脚后一跨，才算是一步。今人所谓一步，只是古人说的半步。半步曰跬。跬就是跨。两跬就是两跨，亦即一步。

苗，篆文作，一看就懂。艸生田当然是苗稼了。

猛虎歸山

河

虎的篆文已经符号化，看不出虎形。为何虎头下有个人字作儿？《说文解字》说因为虎足似人足，所以底下有个人字。此说不可信。最古老的甲骨文有虎字作，皆很象形。后来的金文也有虎字作，较近似于再后来的篆文，已经不太象形。我看中前列甲骨文第四只，引入画来，颇有神韵，文盲亦识。

山，篆文作，甲骨文作。

惡魔問疾

魔字从鬼麻声，鬼是形符，麻是声符。我借声符暂作形符，画成风帽给恶魔戴。疾字左旁是爿，横视之便成床，右旁应是大，不该是矢。大者大人也，此处指病人。大躺在床，便是疾字。秦刻篆文疾字作[illegible]，也是人躺在床，和[illegible]相似。甲骨文有疾字作[illegible]，床缺档头，病人头上腿上各有点滴表示正在发汗。用汗滴说明这个字是疾病的疾，造字之妙，令人佩服。奈何鬼催命来了。

小兒放舟

河

舟，篆文作。横置成，象形。船篷船柱船身不难认出。船尾那一弯，翘起复垂下，问是何物？猜是船舵。为啥叫舵？舵者拖也，拖在船尾操纵航向者也。

儿字繁体作兒，篆文作，象婴儿之拱背爬行。颅顶有个缺口，《说文解字》认为那是脑门囟骨尚未合缝。甲骨文有儿字作，下部是人字，上部不像脑门囟骨，倒像婴儿头上一双小辫。小舵手太勇敢了。

賢母執帚

河

是篆文女字，屈膝弯臂正在行礼，一副侍候人的模样，状似今之迎宾小姐。添两点作乳房成了，便是母字。从前女子束胸，嫁人生娃，才除胸束，所以母女的差别全在那两点。

贤母左手提。这是帚字，篆文作，画一只手提着扫帚。从前主妇操持家务，侍候夫君，即所谓奉箕帚。帚是妇女地位的象征，所以妇字繁体从帚作婦。今之新潮佳妇不摸扫帚，要挎进口鳄鱼皮包。

隔墙有耳

河

墙的繁体牆字，从啬爿声，是形声字。爿，篆文作爿，横置成工工，象形，就是牀字，简体作床。爿在牆字的结构内只起读音作用，无关牆形。我把声符当作形符使用，画爿成为一堵牆的侧切面。形声字难画，不得不乱来。

耳，篆文作耳。怪哉是左耳朵！我将曲线两端延长，写入画中，凑向牆洞，窃听隐私。《易》曰：「牆有耳，伏寇在侧！」乃知大耳朵之可怕，古已如此。

當春而至

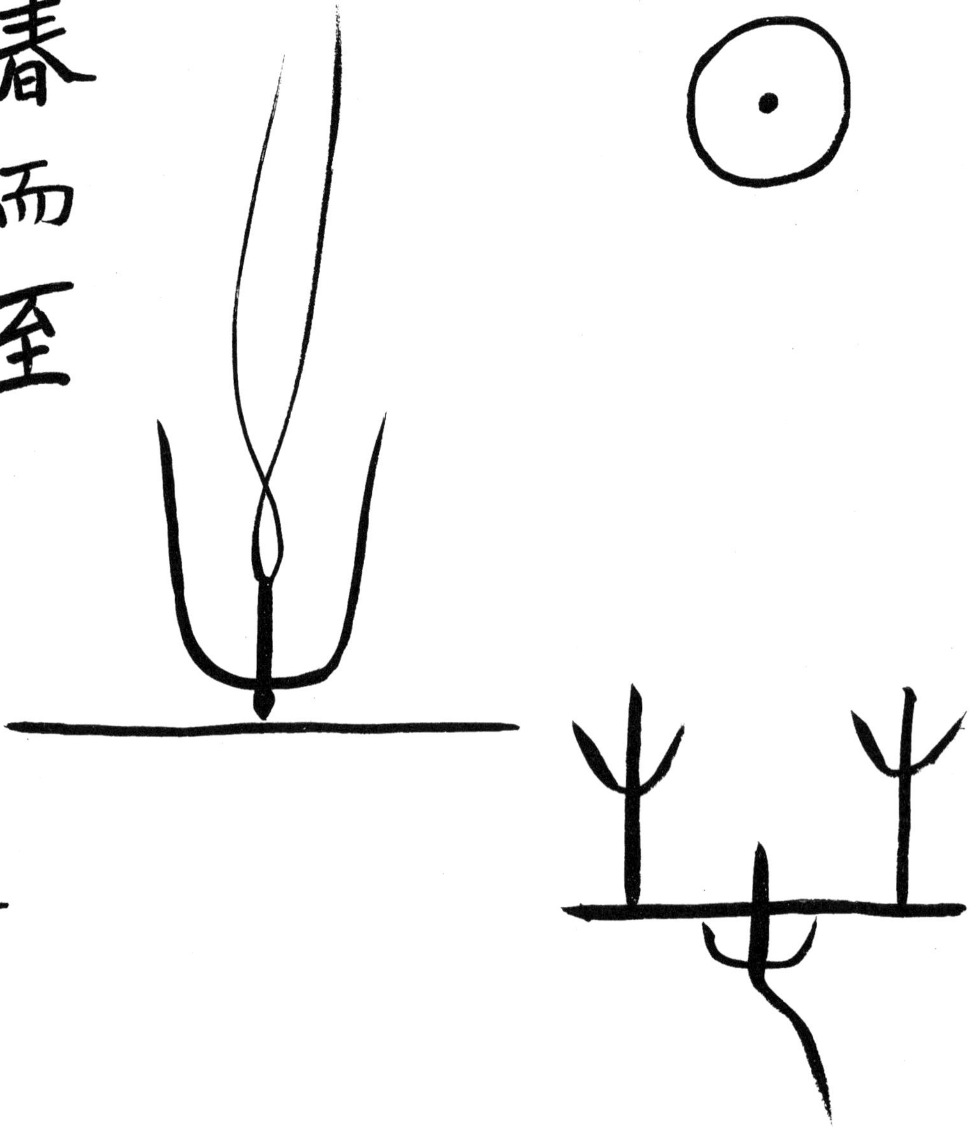

河

春，篆文作萅。地平面，三茎草。中间那一茎委屈在地下，刚刚破土，萌出草尖。春动草萌芽，所以字从草。春属时序，所以字又从日。日被我从地下移到天上，成为煦煦艳阳，催生小草。

至者到也，篆文作，画的是南来的燕子飞到屋梁上，表示抵达了。使用具体事象表示一般概念，这就是会意，亦造字之一法也。《礼记·月令》云：「仲春之月玄鸟归。」玄鸟者燕子也。

傲鹿遭凶

鹿，篆文作，不像鹿子。请比较和的双足，居然一样的皆作。《说文解字》说「鸟鹿足相似」，你信不信？幸好有甲骨文，鹿字在甲骨文作，角头眼颈身足，莫不俱备，可纠《说文解字》之谬。演变为，跨度太大。其间该有过渡型态，可惜尚未见到。

凶，吉凶的凶，篆文作，深坑之中画个叉叉，表示此处危险，很凶，勿来。傲鹿未察看，糟！

廚貓觀甑
河

貓是猫的繁体。是貓的篆文。猫用苗作声符，是形声字。《诗经》有猫，与虎并列，乃指豹猫，俗名山猫，非家猫也。家猫是从印度传来，非我华夏土产，所以十二生肖有鼠无猫。甲骨文的，据说是猫字。腹部画个田，豹猫身上有钱形斑纹也。我请豹猫客串家猫，走进厨房。

曾就是甑，瓦旁是后加的。篆文作，金文作，下为锅，中为甑，上冒气，正在蒸饭。猫饿了。

上陟下降

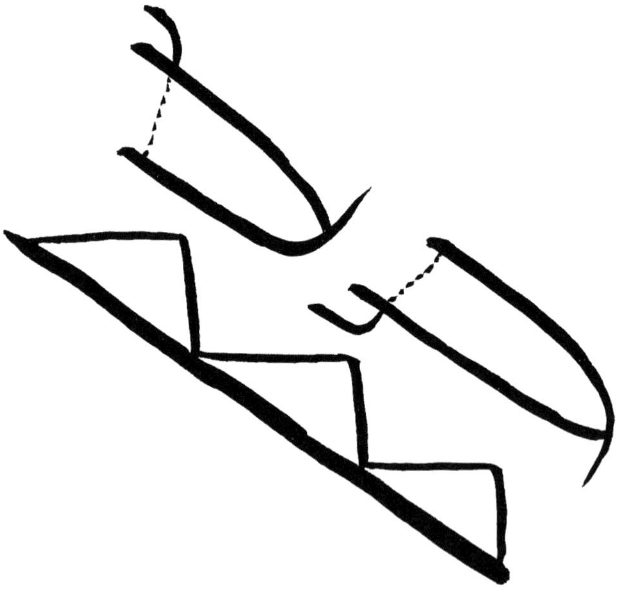

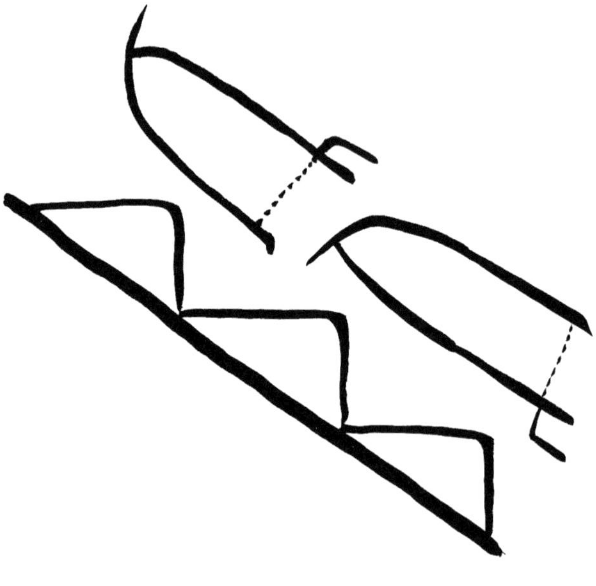

河

篆文𨸏和更古老的甲骨文𨸏都是坡字古写，象山坡的梯级之形。用作形符造字，便写成阝，俗呼为左包耳。动词陟降二字左旁就是坡字古写。上坡曰陟，下坡曰降。陟音zhì，甲骨文作陟，一双脚印向上踩，表示上坡去，篆文变成陟。降音jiàng，甲骨文作降，一双脚印向下踏，表示下坡来，篆文变成降。

俗话说：「上了多少坡，就要下多少坎。」爬得再高，终久还得下来，朴素真理存焉。

深陷來熊

河

先民挖个大坑捕野兽，舂个小坑捕敌人。小坑曰臽，篆文作，敌人落入小坑，爬不出来。名词的臽加左包耳便是陷字，作动词用。现今臽已通陷。

古人命名，棕熊名熊，黑熊名能。能，篆文作，象形。能兽不但会爬树会游水，还会直立行走。后人由此造出贤能材能能力能干诸词，忘了能的原义乃是黑熊。棕熊躯体比黑熊大，直立比黑熊高，所以加双足成为，双足误作火，于是写成熊字。

長眉細腰

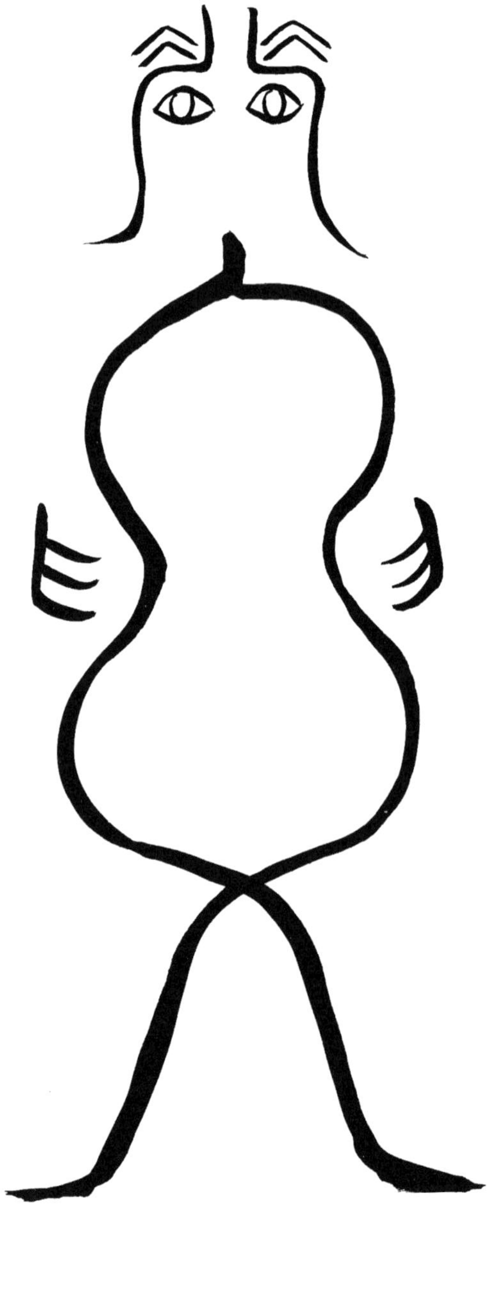

河

眉毛很难象形，只能在目额之间画一条曲线以表示。眉篆文，上《是额纹，下目是眼目，中间的厂才是眉毛。眉头上挑，眉梢下垂，眉体甚长，可见古人欣赏长眉。我画两个眉字，一左一右，一正一反。

要，篆文作。这个要字就是腰字。左偏旁是后来加上的。腰也很难象形，只能画出胴体，再画双手叉腰，指明腰部所在。看这个，可知古人欣赏细腰。长眉细腰用来造字，仓颉夫子爱女人吧？

生育吃奶

河

生，篆文作𡈼，小草破土而出，表示生长。

育字本义是生育，篆文作，上是子字倒置（胎儿在腹中头向着下面），下是肉字代替女阴。也字本义是女阴，篆文作，象阴道口向上张开。甲骨文有，王国维说这是育字。乃之简化，是子字。表示胎儿从阴道口冲出来，所以是育字。

乃字是奶字的古写，古文作，正置成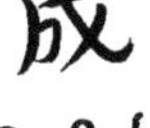，象乳房形。先儒怕读书人乱想，所以侧置又加一划成乃。

淘沙得金

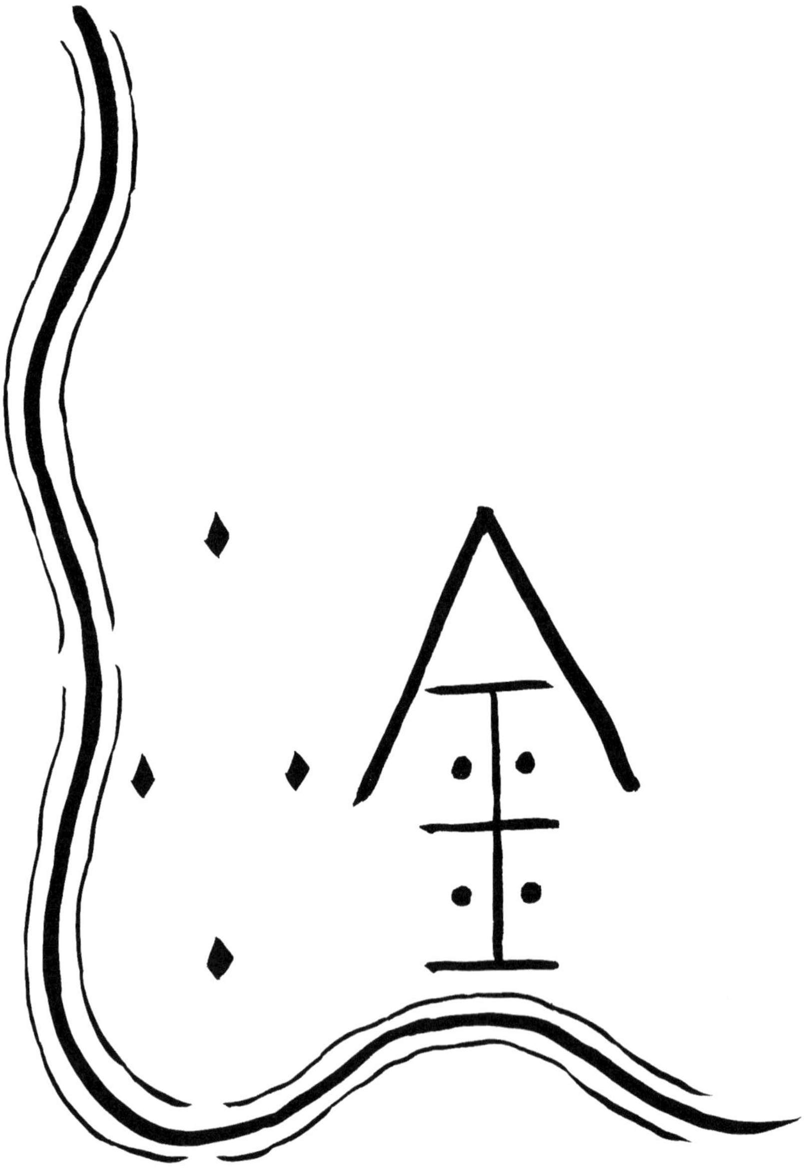

河

岩石崩解，水冲成沙。《说文解字》说，水少沙见，所以沙字左水右少，篆文作。更早的金文作，右旁四点象沙粒形，并非少字。我用金文的，把延长成河湾，把四点画成菱形。

金，篆文作金，说是从土，土中生金，弄不明白。更早的金文幸好有金字，作。一看就明白，这是画的窝棚下面放置一具淘金摇盘，木盘分格，格内四点正是金沙。这是用淘金表示黄金啊！所以五行说金生于水呢。

旅象出征

河

独自出门不算旅行。旅是军旅，五百人一旅，篆文作，甲骨文作。象军旗迎风，旗下便是队伍。眾是众的繁体，篆文作，上有横目监视，下有群众三人。三者多也。旅众正在向左前进。

出，篆文作，甲骨文作，左脚跨出地窖，表示离家外出。征是征伐，篆文作，金文作，尚无偏旁，就是正字。征者正也，地方上弄歪了，派兵去纠正也。甲骨文征作，双脚踏向某方国也。

守衛城郭

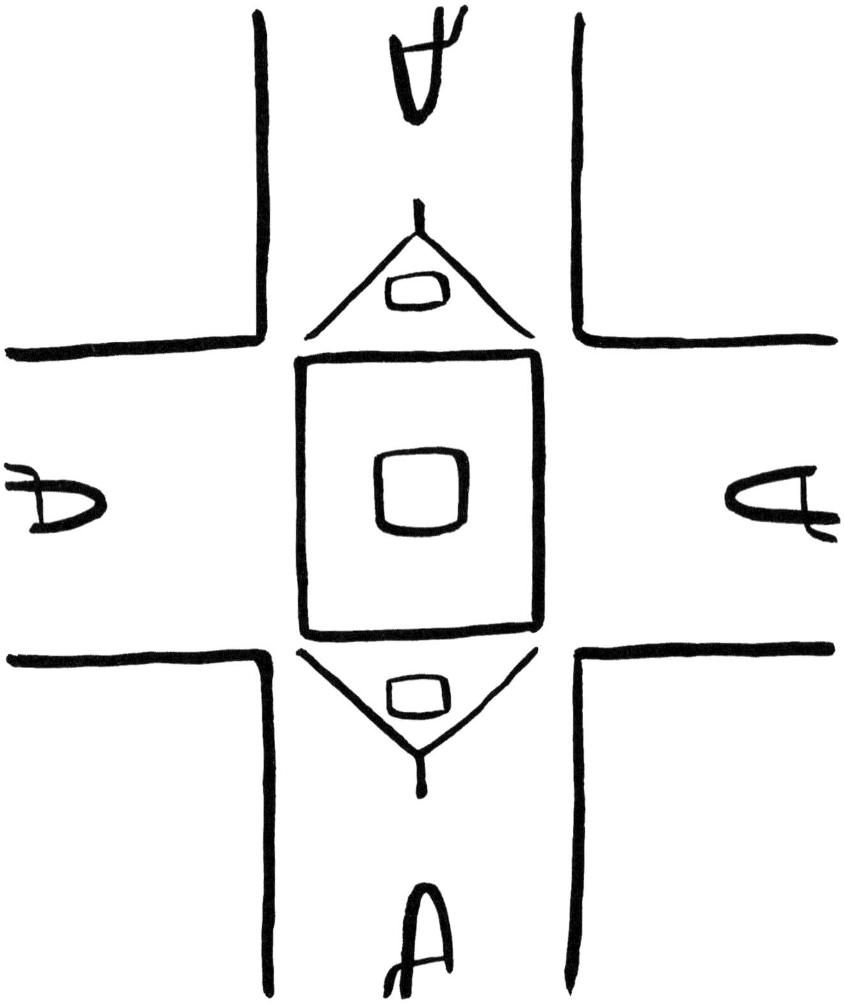

河

卫的繁体作衛，又作衛，篆文作，是由四部分构成的。一是内中的口表示方国。二是上下脚印表示守卫。三是帀字通匝，意思是围绕着。四是左右合，拢便是行字，行的本义是十字路，全文作，象形。甲骨文有，即行，十字路，四路皆有脚印守卫，这不就是字的古写吗。我在字中间塞进一个字，便成此画。是城郭的郭之篆文。王城外套大城，南北城楼相对，是俯瞰图。

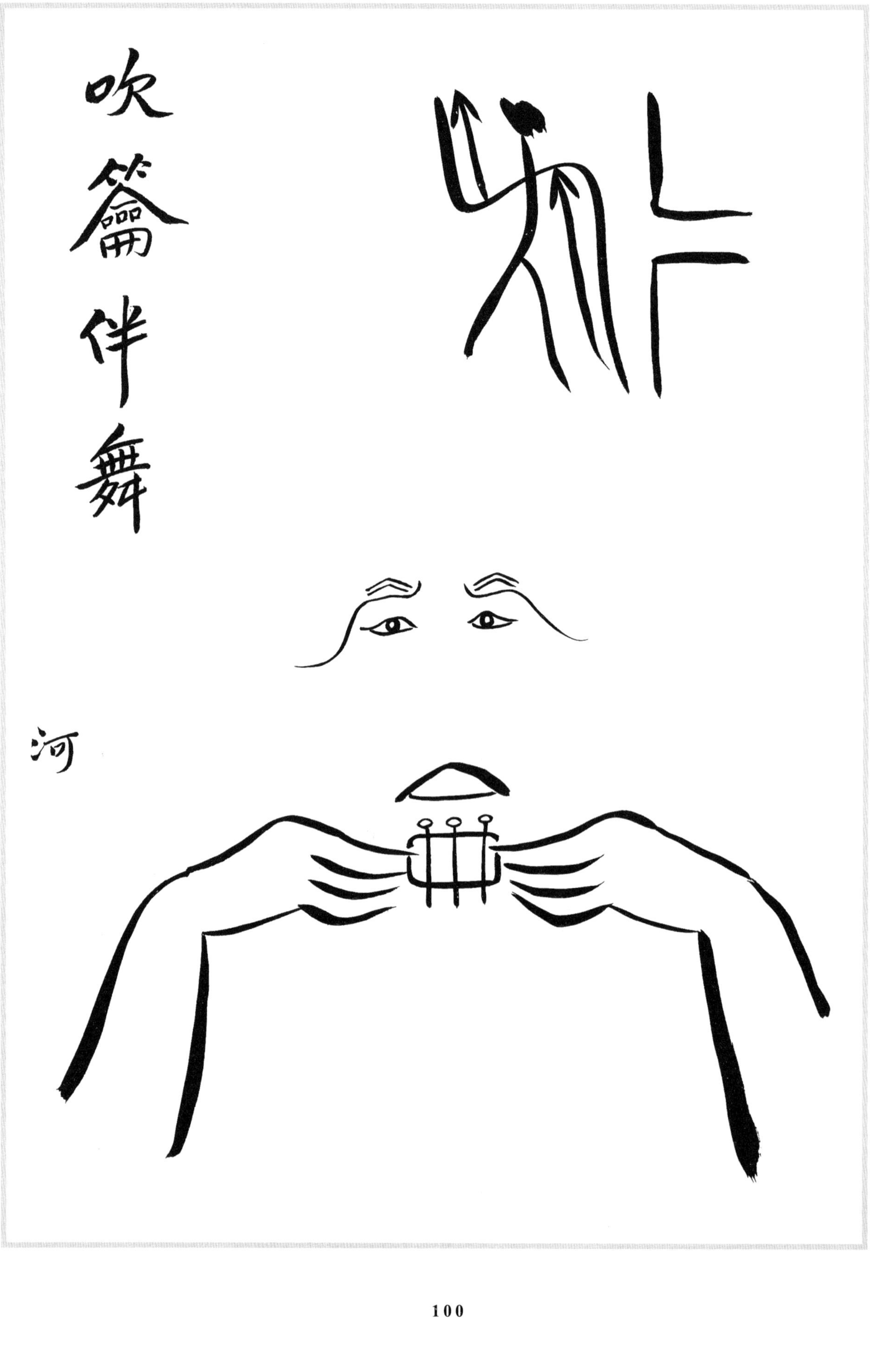
吹籥伴舞
河

籥音yuè，又作龠，古代管乐器的一种，是用三段竹管编成，似排箫之雏型，用于伴奏。龠篆文，上面是棚屋吗？下面是册字的篆文吗？看了甲骨文才明白了。上面非棚屋而是吹奏者的嘴巴，上唇搭着下唇。下面非册字而是有三个吹孔的编管乐器龠之象形。

無篆文，舞篆文，舞比無多一双脚印罢了。無是舞的古写，都象跳舞形。有無的無乃是借用，非本义。甲骨文皆舞字。

猿猱審訊

河

猱（náo）字古写作夒。夒，篆文作，甲骨文作，属猿类，比猴大，俗呼马猴，又名沐猴，亦即《说文解字》所释母猴。母猴不是雌猴。马沐母三字取音不取义。马，大也。画马猴侧坐，状作法官。

审訊是审讯的繁体。讯者问也，本义专指讯问罪人。甲骨文皆讯字，画明都是捆着手讯问的。讯问要动嘴，所以第一个有口旁，等于讯的言旁。口放在臀后，叫罪人放屁，残酷的幽默。

高吊猛扑
河

甲骨文有字，不认识。右旁是戉，亦即钺，大斧也。左旁应该是吊，画罪人被反捆双手，束发高吊。如果有略头发成，便容易认出这正是吊字。《说文解字》没有吊字，后人认为这是俗字，不知三千年前甲骨文已有吊字了。

扑打的扑，繁体作撲，专指打背。撲是晚出的形声字，从手菐声。最早估计就是父字。父，篆文作，右手举起棍子扑打，是指事字。后来借用作父母字，而失去扑打的原义。

三妻四妾

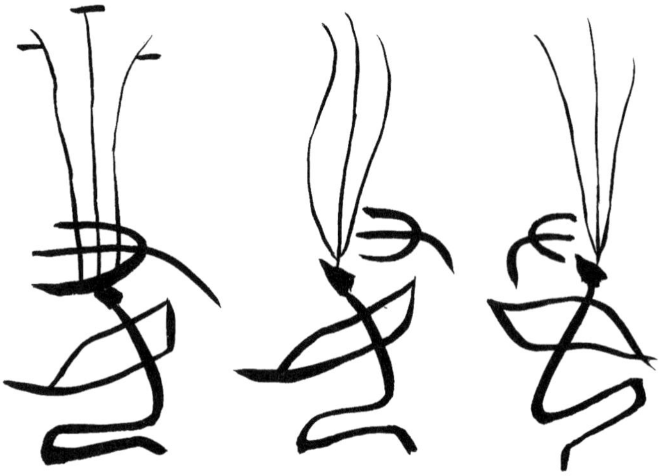

河

按照《说文解字》之释，妻妾地位悬殊。妻，篆文作，女字上头从又从屮，就是右手握草，表示正在做家务事。管家婆掌权，地位高。妾，篆文作，女字上头从辛，就是有罪，发配为人作妾，贴身侍候。已近乎女仆，地位低。许慎是用汉代的家庭状况解释妻妾二字。在更早的金文和甲骨文里，妻作，妾作，都是女人头上高髻，发式显示地位不低。不同者唯妻多一只丫环的手替她梳头而已。

頂羽戴纓

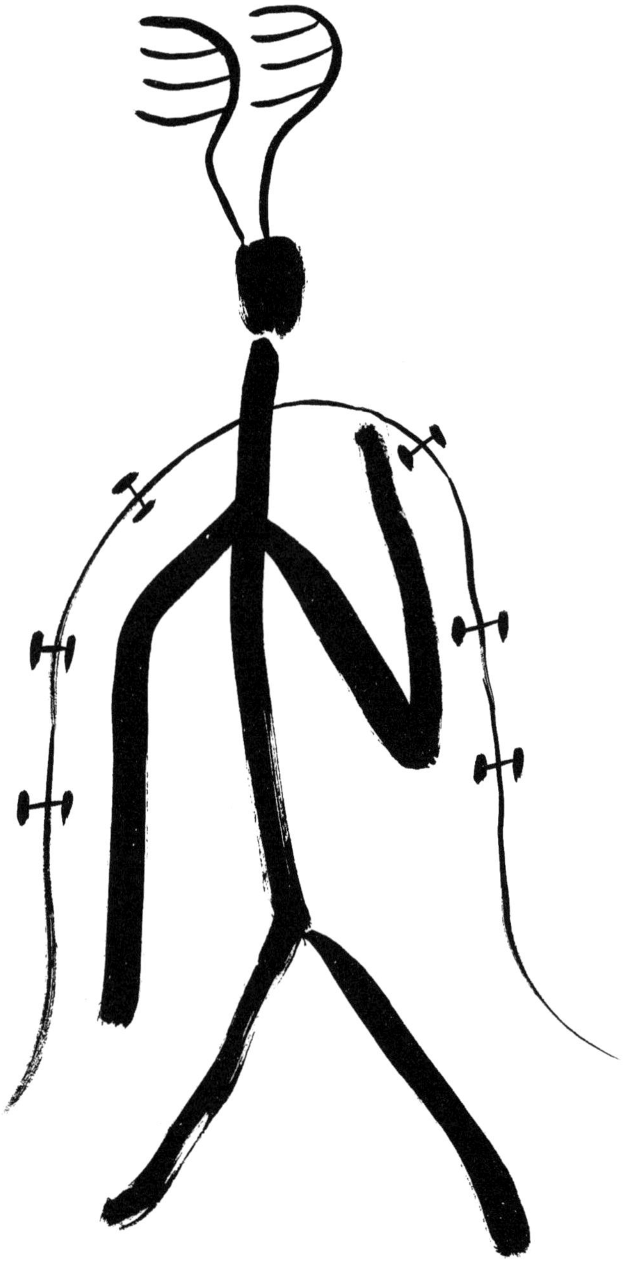

河

羽，篆文作，象什么形？《说文解字》说象鸟翅上的长翎。甲骨文羽作，是一只翅膀，而不是长翎。推想这个不好写，改写成，又变成，再变成篆文。不象长翎，倒象一对翅膀。羽是翼，不是羽毛。我借作羽毛用，插饰女子头上。

婴是婴的繁体，篆文作，是女性专用的贝壳项链。金文有字，画人颈戴贝壳项链，就是婴字。即篆文的古写。貝类属阴，女性戴着能吸引男性，古人以为如此。

畦韭農艺

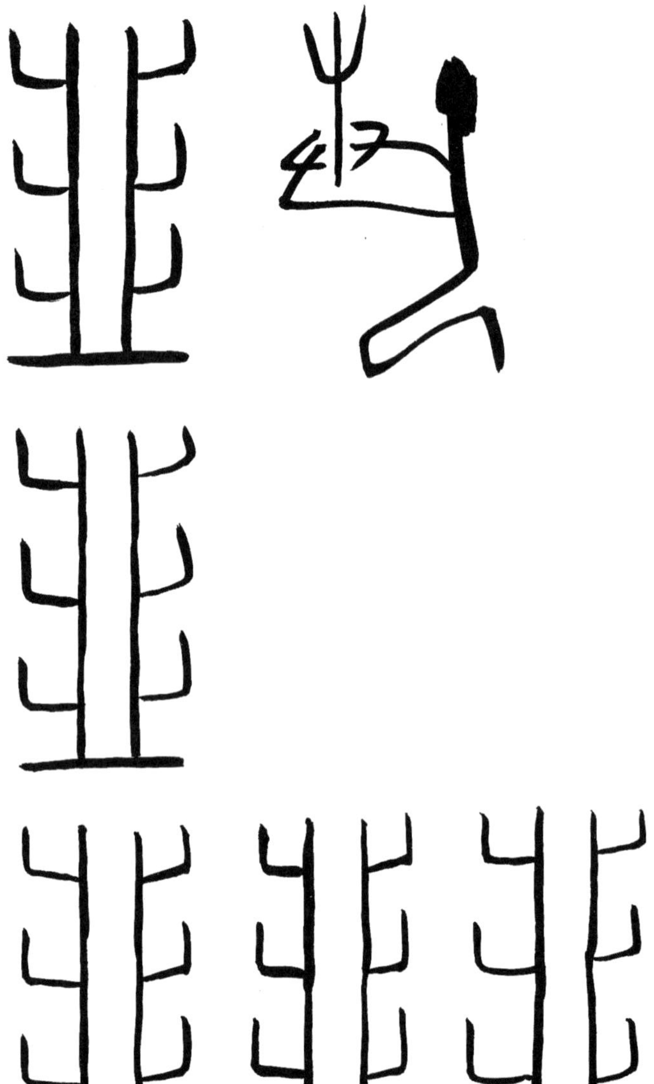

河

各种蔬菜仅能具有形声字的面貌，例如葱蒜芥芋芹葵蕨，都是以草头为形，其下为声。唯韭菜享有象形字的优待，篆文作韭。底下一横是菜畦地。地上韭菜茎蘖整齐，已剪收过。

艺，繁体作藝，或作蓺，或作萟，或作埶。最后这个埶就是石鼓文的，左旁土上一木是右旁一人伸双手种植的。在更早的甲骨文里，此字作。土省掉了，木成苗株，人正跪着植苗。这就是最早的艺字，原义为种庄稼。

二人打夯

河

这幅我只画了一个興字。興，兴的繁体字，篆文作，两双手中间一个同，表示二人同抬。甲骨文作，中间无同而是月。月是一具石夯的空中俯视图。石夯，石制方柱，柱腰夹捆木柄。二人对立，喊号子，抬起夯，投下去，捶平地基，谓之打夯。甲骨文也有加个口作的，口表示喊号子。可知興者夯也，興是夯的本字。興（xīng）可以读成夯（hāng）正如行可以读成银行的行，古今音变多如此者。

小妹有爲

河

妹是形声字，女是其形，未是其声，篆文作。是树冠上的新枝，柔嫩细小，所以女同胞之幼稚者称为妹。我把篆文的左右两旁易位，让去牵象。

三千年前华北平原气候温湿，尚有野象出没林间。甲骨文，左旁一手，右旁一象，这是爲字。爲是為的异体。為是为的繁体。为的本义就是驯象。变成篆文，手从左旁移到上头，象亦变形。变成爲，改画成。

老叟管火

河

这幅我只画了一个叟字。叟，篆文作叜，甲骨文作𡧡，都是屋中有一右手持火，暗示家中某老头之存在。先民取火甚难，灶下必须养火，使其日夜不熄。强男壮妇下田去了，老头留在家中管火。至今偏僻城乡人家仍由老头照管蜂窝煤炉，可见传统之悠久。古人敬老，以其管火且拜火也。叜变叜，又变叟，有迹可寻。古文有多一点作叜的，变成[穴寸]，又变守，遂与名词的叟分工，作动词用。叟守本一字也。

照井而懼

河

蜀地打井，先挖大坑见地下水，后用石板六块围砌井壁，井壁外围填土夯实，最后砌井口。北地缺乏石材，改用木枋从坑底一层层围砌成井字形，直达井口，代替石板井壁，名叫井韩。篆文丼就象从上方俯视井韩之形。北地井深，临井照看，但见黑洞幽邃。黑暗中或能见微光一点，乃天光之反映，所以丼中有一点了。懼是惧的繁体，篆文作䀠，甲骨文作䀠，一人跪着，二目惊突，状甚滑稽，足见造字者之谐谑。

提筆写冊

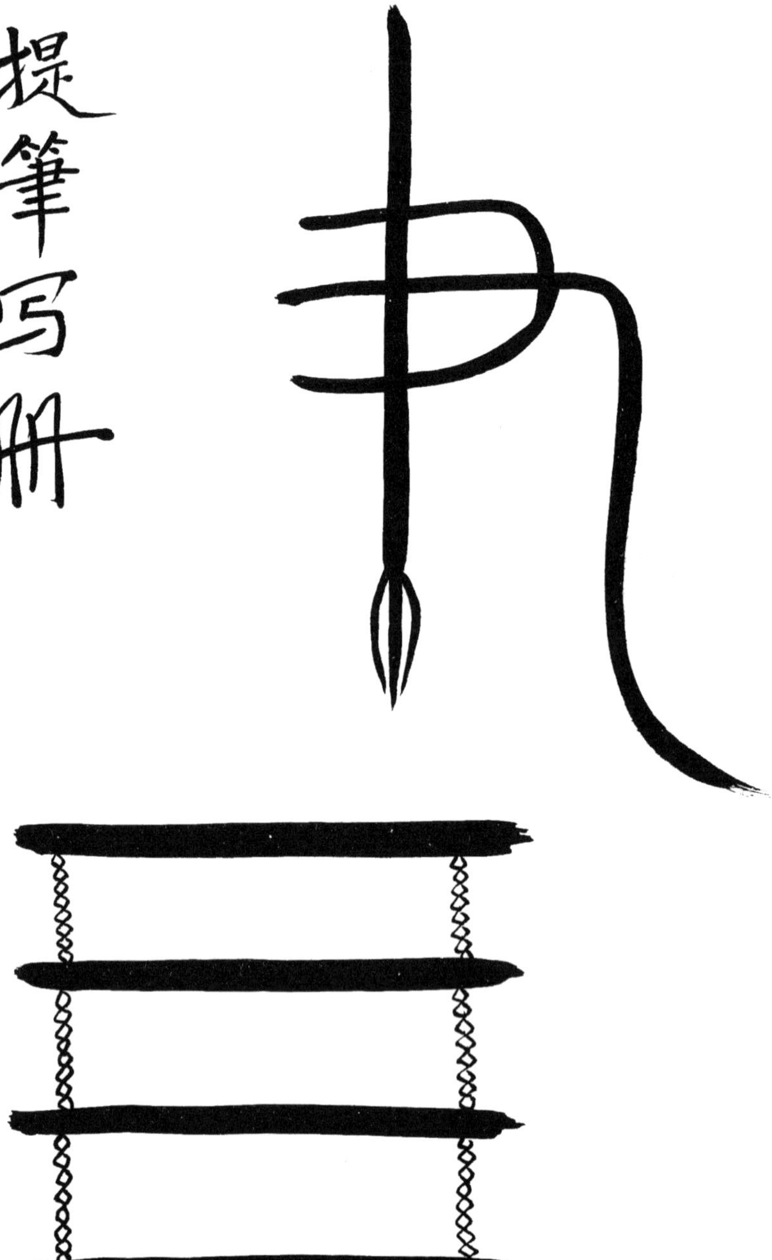

河

筆是笔的繁体，专指毛笔。秦国造笔用竹，字有竹头，篆文作。楚国造笔不用竹，字无竹头，篆文作。拆开看，是又字，象右手，象毛笔。金文作，甲骨文作，比篆文早些，字形也就更簡單些。两千年前就用这种毛笔蘸着漆汁在竹片上写书。书写成了，用牛筋编纂竹片的两端，成为一册。册是象形字，篆文作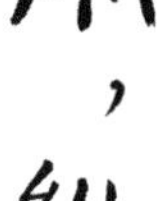，纵者竹片，横者牛筋。一册书若干片，卷起便是一卷。

飛龍探牢

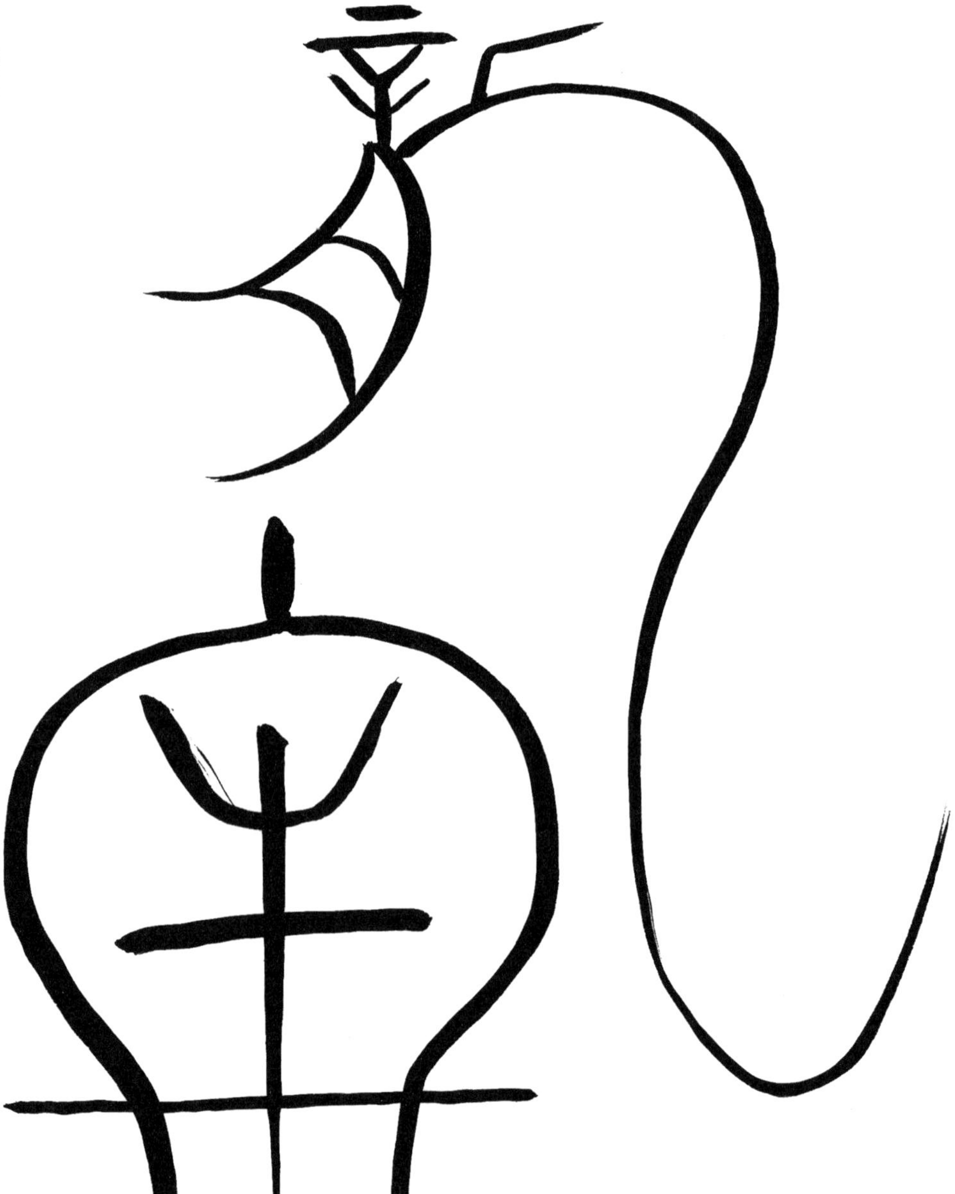

翔鳳慰羅

前去投宿

粟舂成米

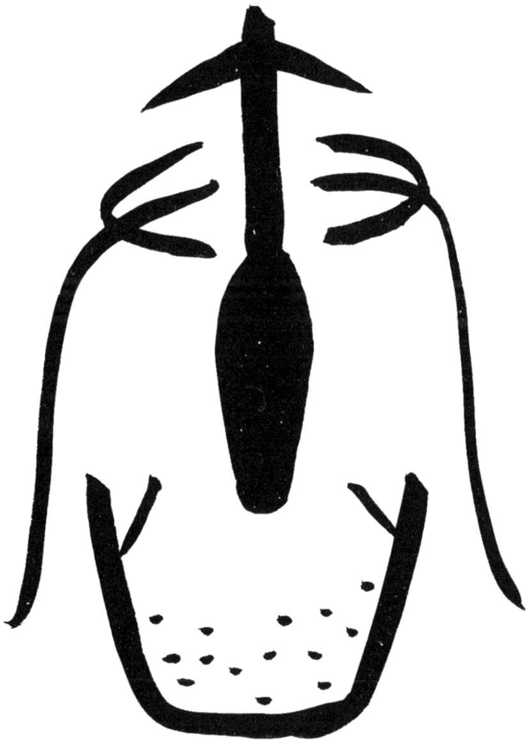

伸舌能舔

自監自盗

寒秋思酒

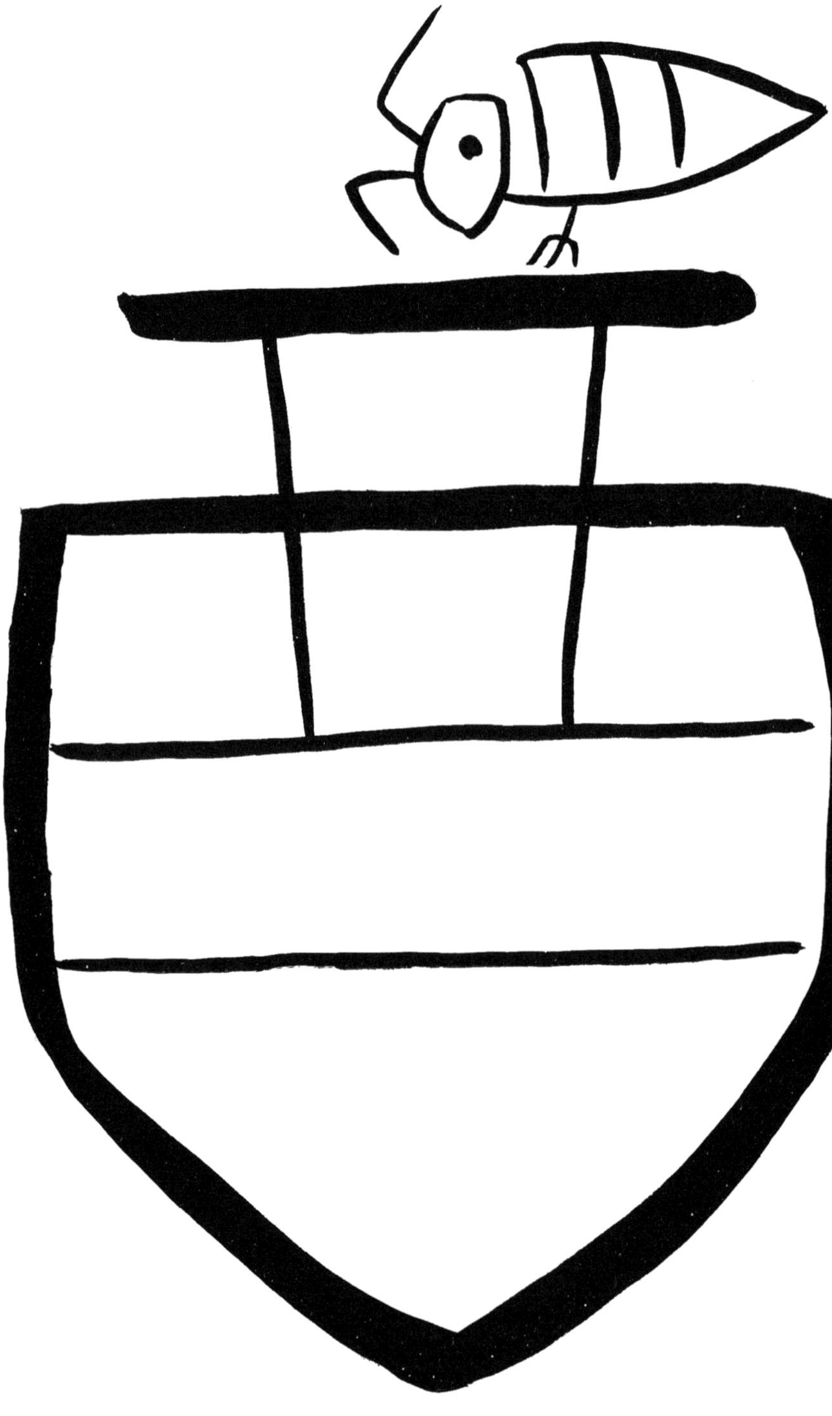

家狗嚐鼎

干戈雄立

雀雀叫戍